AF358885

LES

JUIFS D'ÉGYPTE

AVANT L'ÈRE CHRÉTIENNE

PAR

ED. GOGUEL

STRASBOURG

MDCCCLXVIII

LES JUIFS D'ÉGYPTE

AVANT L'ÈRE CHRÉTIENNE.

Lorsque nous observons les premiers progrès de l'Église chrétienne, nous ne pouvons nous défendre d'un certain étonnement, en rencontrant des Juifs presque partout où les apôtres vinrent prêcher l'Évangile; et cependant le temple de Jéhovah était encore debout sur la montagne de Sion, et l'heure de la dispersion définitive n'avait pas encore sonné.

Nous croyons que les colonies, à la fois militaires et marchandes, établies par les Juifs en Égypte, dans cette même contrée où Moïse, agité sans doute par quelque pressentiment douloureux, recommandait à sa nation de ne pas retourner[1], ont exercé une grande influence sur cette première dispersion du peuple élu; c'est pourquoi nous avons essayé de rechercher quels ont été les progrès et les destinées de ces colonies jusqu'à l'avénement des Lagides, et surtout sous les trois premiers rois de cette dynastie.

I. Jusqu'à Ptolémée, fils de Lagus.

§ 1.

L'Égypte, après avoir secoué le joug des Éthiopiens, était tombée dans l'anarchie[2]; douze chefs, appartenant sans doute à la caste des guerriers, s'étaient emparés du pouvoir et régnaient chacun sur une province. Un de ces douze chefs, qui avaient pris le titre de *Mélechs* au lieu de celui de pharaons, Psammitique, gouverneur de Saïs, dans la basse Égypte, était entré dans des relations de com-

---

1. Deut., XVII, 16.
2. Diod. Sic., I, 66. Hérod., VII, 64, 74, 107, 111 et suiv.

merce avec les Phéniciens, les Arabes et les Grecs de Carie[1];
ces relations, en même temps qu'elles le rendaient plus
puissant, excitèrent la jalousie de ses onze collègues, et,
aux rapports de bonne amitié, cimentés pendant quinze
ans par des serments et des traités solennels, par des
alliances de famille, des sacrifices publics et des entreprises
communes, telles que l'achèvement du labyrinthe commencé par Mœris, succéda une guerre d'extermination,
dans laquelle Psammitique eût sans doute succombé sans
l'appui des étrangers. Il fit venir des mercenaires de Carie,
d'Ionie et d'Arabie, avec lesquels il recouvra ses États, vainquit ses adversaires à Mômemphis[2], et resta seul maître de
tout le royaume.

Nous avons lieu de croire que, parmi ces mercenaires
que Psammitique tira de l'Arabie[3], il a dû y avoir des Juifs,
car nous savons que toute la partie de cette contrée qui
touchait à la Méditerranée était habitée par des Syriens[4],
et que les auteurs anciens s'accordent presque généralement à donner le nom de Syriens aux habitants de la
Palestine[5]. D'ailleurs, la nation juive passait pour très-belli-
queuse, et cette réputation, dont elle jouissait chez ses
voisins, était justifiée, du reste, par les faits les plus remar-
quables de son histoire. Ajoutons que les Juifs avaient
renouvelé plus d'une fois, depuis le règne de Salomon,
leurs rapports de bon voisinage avec les Égyptiens, et que
Psammitique lui-même, pendant son séjour en Syrie, où
une seconde invasion des Éthiopiens l'avait forcé de se

---

1. Arrien, *Expéd. d'Alex.*, III, 5. Diod. Sic., I, 66.

2. Hérod., II, 163.

3. L'Arabie déserte et l'Arabie pétrée étaient, dès les plus anciens
temps, habitées par des peuplades nombreuses et belliqueuses. (Diod.
Bibl., II, 1.)

4. Hérod., II, 12.

5. Hérod., III, 91. Plin., *Hist. nat.*, V, 21. Pompon. Mel., I, 11.

réfugier, dut se trouver en contact immédiat avec les rois syriens de Palestine, et n'eut, par conséquent, pas de peine à les décider à faire cause commune avec lui, leur promettant sans doute, en retour, de leur venir en aide contre les Assyriens et les Babyloniens, dont la puissance devenait chaque jour plus menaçante pour l'Égypte, aussi bien que pour les pays de l'Asie occidentale [1].

Nous pouvons donc nous en rapporter au témoignage d'Aristée, quoique l'authenticité de son histoire de la traduction grecque des LXX ait été contestée à bon droit [2], et admettre que Psammitique reçut des troupes auxiliaires de la Palestine, et que ce secours lui fut envoyé par le roi Manassès, qui inclinait vers les superstitions de l'Égypte [3], et qui, par cette démarche imprudente, attira peut-être sur son royaume l'invasion d'Asarhaddon, roi d'Assyrie, qui l'emmena en captivité, après s'être emparé de Jérusalem [4].

En examinant de plus près ce passage d'Aristée, nous avons cru reconnaître qu'il ne s'agit pas simplement de mercenaires envoyés pour un moment donné au secours de Psammitique, mais plutôt de colons militaires qui devaient se fixer en Égypte et y soutenir ce prince contre ses ennemis [5]. D'ailleurs, nous lisons dans Hérodote et Diodore

---

1. II Rois, xvii, 4 et suiv.; xviii. Ésaïe, xxxvi, 37. Hérod., II, 141.

2. Van Dale, *Sup. Aristea.* Amstelod., 1705, p. 235. Il est presque généralement reconnu que cet ouvrage ne fut pas écrit par Aristée, personnage très-influent à la cour de Ptolémée Philadelphe, mais par un juif d'Alexandrie, postérieur à Aristée, mais qui cependant aurait vécu avant Jésus-Christ.

3. II Rois, xxi, 2, 3 et suiv.

4. II Chron., xxxiii, 11.

5. Πρὸ τούτων (c'est-à-dire des Juifs venus en Égypte avec un roi de Perse), ἑτέρων συμμαχιῶν ἐξαπεσταλμένων πρὸς τὸν τῶν Αἰθιόπων βασιλέα μάχεσθαι σὺν Ψαμμητίχῳ. La comparaison établie par l'auteur entre ces secours envoyés à Psammitique et la colonie fondée par Ptolémée Ier vient surtout à l'appui de notre conjecture.

de Sicile que le vainqueur de Mômemphis assigna pour cantonnements à ses troupes mercenaires des terres situées entre la ville de Bubaste et la bouche pélusiaque du Nil [1]; ces colonies militaires furent sans doute chargées de couvrir la frontière de l'Égypte à l'est [2], peut-être même de la reculer jusqu'en Syrie.

Ce premier établissement des Juifs en Égypte remonterait environ à l'année 670 avant Jésus-Christ.

§ 2.

La conquête de la Syrie et de la Phénicie était alors déjà, comme elle l'a toujours été, le principal objet de l'ambition des rois d'Égypte. Les opulentes cités de ces contrées, où le commerce avait entassé depuis des siècles les richesses du monde, devaient naturellement exciter leurs convoitises. Psammitique avait commencé par le siége d'Azoth, ville frontière de la Syrie, dont il s'était emparé après un siége fort long. Néchao II, son fils, continua la guerre avec plus de succès; il entra en Syrie, à la tête d'une armée formidable, et somma Josias, roi de Juda, d'accepter son alliance, ou plutôt de recevoir sa suzeraineté, au lieu de celle des Chaldéo-Babyloniens. Le monarque juif, au lieu d'obéir à cette injonction, attendit les Égyptiens à Mégiddo [3], où il fut tué et son armée taillée en pièces. Trois mois après cet événement, Joachas, fils de Josias, que le peuple avait pro-

---

1. Hérod., II, 154. Diod. Sic., I, 67.

2. Flor., IV, 11, 9.

3. Μαγδαλῶν, Hérod., II, 159, et dans la Version des LXX; appelée aussi Mageddo par les écrivains modernes. Il ne peut être question ici de la ville de ce nom située dans la basse Égypte, à 12 milles au nord de Silo et à 12 milles au sud de Péluse, mais plutôt d'une ville de Palestine, située près du torrent du Cédron (Jug., v, 19), ancienne résidence des rois cananéens (Jos., xii, 29), assignée à la tribu de Manassé et fortifiée par Salomon (I Rois, ix, 15). Voir II Chron., xxxv, 22.

clamé roi à la place de son frère aîné Éliacim, fut attaqué par Néchao, qui s'empara de Jérusalem, détrôna le nouveau roi, qu'il remplaça par Éliacim, et qu'il emmena en Égypte avec un grand nombre de ses partisans [1]. Cinq ans après, 605, Néchao et Nébucadnézar se rencontrèrent près de Circésium (Carchémis), où une seule bataille enleva au vainqueur de Mégiddo toutes ses conquêtes et le rejeta en Égypte [2].

Nous croyons sans peine que Néchao a dû emmener dans ses États un grand nombre de Juifs, soit après sa victoire de Mégiddo, soit après la prise de Jérusalem, soit encore après la bataille de Circésium, alors qu'il regagnait ses frontières avec une armée affaiblie par sa récente défaite ; les guerres presque continuelles, où l'Égypte se trouvait engagée depuis quelque temps, l'avaient considérablement dépeuplée [3], et un accroissement de population était devenu d'autant plus nécessaire aux yeux de ce prince, que, comme son père avant lui, il avait conçu le projet d'étendre au dehors le commerce de l'Égypte, et qu'il méditait dans ce but de vastes entreprises, et surtout de grandes expéditions maritimes.

D'ailleurs, un des bas-reliefs récemment découverts sur les sépulcres royaux de Béban-el-Merlouck, et représentant le triomphe célébré par Néchao et son fils Psammis, semble venir à l'appui de notre supposition ; on y remarque, entre autres prisonniers asiatiques, quatre Juifs, reconnaissables à leurs longues barbes [4].

---

1. II Chron., xxxv, 1, 4.

2. Jér., xlvi, 2. II Rois, xxiv, 7. Jos., *Antiq.*, X, 6, 1, 2.

3. Nous savons aussi que plus d'un million d'hommes avaient péri en travaillant au canal qui devait relier le Nil à la mer Rouge. (Hérod., II, 158.)

4. Ritter, *Géogr. comp. de l'Afrique,* trad. franç., t. II, p. 496 et 497.

§ 3.

Les deux colonies dont nous venons de parler ne furent sans doute pas considérables, quant au nombre des individus qui en faisaient partie, mais elles s'accrurent d'une manière notable à la suite d'une troisième émigration, qui eut lieu vers 587, sous le règne d'Apriès.

On sait quelle fut la triste destinée des trois derniers rois de Juda, Joachim, Jéchonias et Sédécias; exposés sans cesse aux soupçons et au mépris des Chaldéens et des Babyloniens, trop confiants dans l'appui des premiers [1], et provoquant par cette confiance même le courroux des prophètes, sourds aux prédictions de Jérémie, d'Uriel, d'Ézéchiel, qui ne cessaient de leur annoncer les calamités qui allaient éclater sur Sion, ils accélérèrent la ruine de leur royaume, miné depuis longtemps par l'anarchie, l'impiété et les discordes intestines [2].

Sédécias, soutenu par l'Égypte, s'était révolté contre Nébucadnézar; le roi de Babylone marcha aussitôt sur Jérusalem, qui fut emportée d'assaut et détruite; l'infortuné monarque, arrêté dans sa fuite, vit égorger ses fils, et fut emmené, chargé de chaînes, à Babylone, après que le vainqueur lui eut fait crever les yeux. Le gouvernement de la Judée fut confié à un satrape, nommé Godolias, qui traita les vaincus avec quelque douceur, mais fut assassiné bientôt après avec sa suite par Ismaël, prince de la race royale de Juda [3]. Les Juifs, redoutant les représailles de Nébucadnézar, se réfugièrent en Égypte [4], entraînant avec eux leur prophète Jérémie [5], qui avait tenté, mais en vain, de s'opposer

---

1. Ésaïe, xxx, 31. Jér., ii, 16, 18, 36. Ézéch., xxiii. Osée, vii, 11.
2. Jér., xxxviii.
3. Jér., xli, 1 et suiv.
4. I Rois, xi, 40. Jos., *Antiq.*, XIV, 2, 14.
5. Jér., xliii, 6.

à leur départ. Cette multitude éperdue, qui comptait dans son sein des personnes de tout âge, de tout sexe, de toute condition[1], se répandit bientôt dans les différentes parties de l'Égypte[2], grossissant ainsi le nombre des premiers colons, foule digne de pitié, condamnée à vivre désormais sur cette terre étrangère, qui n'avait été que trop fatale à ses ancêtres, et qui, méprisant les avertissements de Jérémie, se laissa presque partout entraîner vers les idoles de l'Égypte[3], et lapida même son prophète, comme pour le punir d'avoir cherché à la rappeler dans les voies de son Dieu.

Apriès, qui était directement intéressé au maintien du royaume de Juda[4], et qui, pour cette raison, avait tenté de s'opposer à la chute de Sédécias, accueillit avec empressement ces colons d'un nouveau genre. Mais la ruine du royaume de Juda avait rendu encore plus précaire la situation politique de l'Égypte, et ce roi, en accordant asile et protection à ces proscrits, avait provoqué le ressentiment de Nébucadnézar. Celui-ci ajourna toutefois ses projets de vengeance jusqu'au moment où, maître de Tyr et de toute la Syrie, il pourrait pénétrer en toute liberté dans la vallée du Nil. Apriès, s'imaginant peut-être qu'il n'avait plus rien à craindre de ce côté, crut devoir poursuivre les projets d'agrandissement conçus par ses prédécesseurs; à la tête d'une flotte nombreuse, il se porta aussitôt sur Chypre et la Phénicie[5], prit d'assaut la ville de Sidon et répandit l'épouvante dans toutes les cités du littoral. Il en-

---

1. Jér., xxxix, 10; xliii, 5, 6.

2. Megiddo (Magdole), Memphis, la Thébaïde (Pathros), etc. Jér., xliv, 1. Ésaïe, xi, 11.

3. Jér., xliv, 8. 15.

4. Ce roi est appelé *Ophra* dans la Bible, Jér., xliv, 30.

5. Héród., II, 161. Diod. Sic., I, 68.

voya même une armée contre Cyrène[1], mais l'expédition échoua; les troupes se révoltèrent et proclamèrent Amasis, qui marcha aussitôt contre Apriès, réduit à ses seuls mercenaires, le vainquit à Mômemphis et se vit contraint par les Égyptiens irrités de leur livrer son royal prisonnier, qui périt misérablement[2].

C'est au moment où Apriès et Amasis se disputaient le trône d'Égypte, qu'apparut enfin Nébucadnézar, semant partout le carnage et la destruction[3]. Amasis traita avec le conquérant et accepta sa suzeraineté, laissant ce fléau de Dieu entraîner en paix à sa suite un nombre considérable d'Égyptiens, et ne quitter le pays dévasté en tous sens qu'après avoir pillé et détruit Memphis et Thèbes, dépouillé les temples et massacré les prêtres, persécutant de préférence les Juifs, qu'il fit périr ou emmena en captivité au delà de l'Euphrate[4]. Toutefois, dans sa course rapide, le roi de Babylone ne put sans doute s'arrêter à forcer toutes les places fortes qui se trouvaient sur son passage, ni toutes les retraites où nous supposons avec quelque raison que s'étaient réfugiés bon nombre de Juifs. Tout porte à croire que beaucoup d'entr'eux restèrent en Égypte, après avoir échappé au massacre et à la captivité[5].

§ 4.

Nous possédons si peu de données certaines sur la situation des Juifs à l'époque de la domination des Perses,

---

1. Hérod., II, 161. Diod. Sic., I, 68.

2. Hérod. II, 161 et suiv.; IV, 159. Diod. Sic., I, 69.

3. Jos., *Antiq.*, X. Bérose, cité par Jos., *Cont. Ap.*, I, 6. (Trad. d'Arnaud d'Andilly.) Jér., XLIII, 10 et suiv.; XLVI. Ézéch., XXIX, 18 et suiv.; XXX, 10 et suiv.; XXXII, 11 et suiv. Hab., I, 6 et suiv. Strab., *Géogr.*, XV, 1.

4. Jér., XLIV, 12, 28. Jos., *Cont. Ap.*, I, 6.

5. Basnage, *Histoire des Juifs*. Édit. de la Haye, 1716, t. VIII, p. 155.

que nous ne devons nullement nous étonner de l'obscurité qui règne sur la colonie juive que les Perses emmenèrent en Égypte.

Tout ce que nous pouvons tirer de deux passages d'Aristée, dont l'un est confirmé par le témoignage de l'historien Josèphe, c'est qu'une multitude considérable de Juifs, arrachés par les Perses au sol de leur patrie, furent emmenés par eux dans la vallée du Nil. Mais quand cet événement eut-il lieu, sous quel règne? C'est ce qu'Aristée ne dit pas; il se borne à nous apprendre qu'ils vinrent en Égypte *avec le Perse*[1]. Toutefois, cette expression elle-même permet de trancher la question; le mot Πέρσης employé seul et au singulier sert d'ordinaire à désigner le roi de Perse, « le grand roi ». Ce n'est donc pas un général de cette nation qui exécuta cette mesure rigoureuse[2]; ce fut un roi, mais lequel? Est-ce Cambyse ou Darius, fils d'Hystaspe, ou Xerxès, ou enfin Artaxerxès Ochus?

Il est certain que ce n'a pu être ce dernier, puisqu'il fit tout le contraire, ainsi que nous allons le voir; ce ne furent non plus ni Darius, ni Xerxès, car nous savons que ces princes traitèrent les Juifs avec une grande bienveillance[3]. Ce fut donc Cambyse, qui, nous le savons aussi, se montra dur et cruel envers les peuples de son empire et particulièrement à l'égard des Juifs[4], auxquels il ordonna de sus-

---

1. Σὺν τῷ Πέρσῃ. L'expression employée par Josèphe est plus vague, *Antiq.*, X, 2.

2. Si nous devions admettre le contraire, il faudrait entendre par là quelqu'une des expéditions dirigées, sous le règne d'Artaxerxès Ier, par des généraux de ce roi; mais, à en juger par les sentiments dont Artaxerxès Ier était animé à l'égard des Juifs (Néh., II, 1 et suiv.), un tel acte de violence serait inadmissible.

3. Esd., IV, 5; V; VII, 11. Aggée, I, 1. Zach., I, 1. Jos., *Antiquités*, XI, 3-5.

4. Jos., *Antiq.*, XI, 2.

pendre en Judée les travaux de reconstruction qui avaient été commencés sous le règne de son père.

Nous admettrons, par conséquent, que Cambyse, en traversant la Palestine pour se rendre en Égypte (524), entraîna à sa suite, selon la coutume des rois barbares, un grand nombre de Juifs, destinés à remplacer les habitants de ce pays qu'il se proposait de transporter en Asie. C'était, on le sait, une maxime d'État généralement adoptée à la cour des rois de Perse[1]. Il pensait avec raison que ces nouveaux colons, malgré la violence qui leur avait été faite, le serviraient avec plus de fidélité que les Égyptiens, dont il avait à redouter le ressentiment et les soulèvements; d'ailleurs, n'étaient-ce pas les Perses qui avaient mis un terme à la captivité de Babylone?

§ 5.

Mais si Cambyse avait amené en Égypte de nombreux colons de la Palestine, un de ses successeurs, Artaxerxès III Ochus, imitant en cela l'exemple de Nébucadnézar, en fit sortir un grand nombre de leurs nouveaux établissements pour les transporter dans la haute Asie.

Les Égyptiens, après avoir vainement tenté de recouvrer leur indépendance à la mort de Xerxès, sous la conduite d'Inaros et d'Amyrtée, 460-455, crurent devoir profiter de la révolte de Cyrus le Jeune contre son frère Artaxerxès II Mnémon, pour se donner une seconde fois à des princes indigènes, dont le premier, Amyrtée, ne prit le titre de roi qu'après la mort de Darius II Nothus. Les trois derniers de ces rois, Nectanébo Ier, Tachos et Nectanébo II, qui détrôna son père, réussirent, avec l'aide des Grecs et des Spartiates en particulier, à maintenir leur indépendance, malgré les

---

1. Hérod., IX, 204. Comp. V, 12 et suiv.; VI, 20, 119.

efforts d'Artaxerxès Mnémon pour les replacer sous le joug.
Du reste, la résistance était facile, car le grand roi avait à
cette époque à tenir tête tout à la fois aux Égyptiens, aux
villes grecques de l'Asie, aux Lacédémoniens et à leurs
alliés, ainsi qu'à un assez grand nombre de satrapes, entre
autres ceux de Phrygie, de Carie, de Mysie et de Lydie, qui
s'étaient jetés dans ce vaste mouvement. De plus, presque
toutes les autres provinces occidentales de l'empire, la Cilicie, la Pamphilie, la Syrie, la Phénicie, étaient en pleine
révolte et aspiraient à l'indépendance.

La Judée aussi, malgré ses sympathies profondes pour les
Perses, prit une part active à la révolte de la Phénicie.
Quarante ans auparavant, un crime horrible avait ensanglanté
le temple; Jonathan, après la mort de Joïada, son père,
s'était arrogé la dignité et les fonctions de grand prêtre,
après avoir égorgé de sa main dans le sanctuaire même
son frère aîné que protégeait Bagoas, satrape de Syrie. Ce
meurtre eut des suites funestes; Bagoas, pour le venger,
se montra pendant sept ans dur et inflexible à l'égard des
Juifs: violation du temple, rapines de tout genre, exactions
nouvelles, rien ne leur fut épargné[1]. De là des haines vio-
lentes, puis des tentatives de révolte, puis enfin ce soulève-
ment qui éclata à l'occasion des troubles de Phénicie.

Si nous admettons en même temps que les Juifs d'Égypte
aient suscité de graves embarras à l'armée des Perses[2],
soit dans les environs de Péluse, où Nectanébo II fut défait,
soit du côté des frontières de l'Arabie, nous comprendrons
aisément le ressentiment d'Ochus, et nous n'hésiterons pas
à ajouter foi au témoignage d'Eusèbe et de Syncellus, con-

---

1. Diod. Sic., XVI, 50. Jos., *Antiq.*, XI, 7.
2. Diod. Sic., XVI, 7. Les Juifs avaient peut-être reçu des bienfaits de
Nectanébo II.

firmé par celui d'Hécatée[1], d'après lequel le roi de Perse, dans son expédition contre l'Égypte, aurait arraché de leurs demeures un grand nombre de Juifs établis dans ce pays, pour les transporter les uns dans la Babylonie, les autres en Hyrcanie, sur les confins de la mer Caspienne. Ce prince implacable dans son courroux autant qu'habile et politique renouvela dans cette vallée du Nil, que la victoire de Péluse venait de faire retomber sous son obéissance, les scènes sanglantes qui avaient marqué le passage de Nébucadnézar et de Cambyse; il abattit les murailles des villes principales, pilla les trésors des temples et enleva même les livres sacrés[2]. Cependant, à en juger par le texte du passage qui nous occupe, il y a lieu de croire qu'il ne transporta en Asie que les Juifs valides, en état de porter les armes, car il lui importait d'affaiblir sa conquête, qui fut privée pour toujours de ses rois indigènes, et où il venait d'établir des colonies militaires uniquement composées de Perses.

§ 6.

Il est hors de doute que les Juifs ne restèrent pas étrangers aux expéditions victorieuses d'Alexandre le Grand; cependant il serait presque impossible de déterminer d'une manière précise les rapports qu'ils eurent avec ce conquérant. Nous ne chercherons pas à résoudre la question si souvent agitée et controversée de l'arrivée du roi de Macédoine à Jérusalem; outre qu'elle nous paraît insoluble, nous pensons qu'elle ne trouverait point ici sa place en ce moment[3].

---

1. Eus., *Chron.*, édit. Pontaëi, Burdigal., 1604, p. 126. Syncellus, édit. Dindorf, I, 486. Hécatée, cité par Jos., *Cont. Ap.*, I, 8.

2. Diod., XVI, 51. Plutarq., *De Is. et Osir.*, II. Ælien, *Hist. var.*, IV, 18. VI, 8.

3. Jos., *Antiq.*, XI, 8. Sainte-Croix, *Examen critique des anciens historiens d'Alexandre*. Paris, 1804, p. 547 et suiv.

Nous croyons qu'Alexandre fit entrer des Juifs et des Samaritains dans les rangs de son armée, éclaircis sans doute par ses victoires et ses marches à travers les pays de l'Asie occidentale [1]. Nous lisons, en outre, dans Josèphe qu'ils lui furent d'une grande utilité « pour soumettre les Égyptiens », c'est-à-dire pour réprimer quelques tentatives isolées de résistance de la part des Perses et de leurs partisans peu nombreux [2]. Nous trouvons plus tard des Juifs au service de ce roi à Babylone [3]. De plus, il confia, dit-on, la garde de la Thébaïde, autrefois occupée par des colons juifs, à des Samaritains, et comme cette contrée touche à l'Éthiopie, on a cru voir dans les *Syriens* établis à Auxum et dans le petit État éthiopien de ce nom des descendants de ces troupes mercenaires. Mais il est plus probable que ce royaume a dû son origine à l'émigration des 250,000 Égyptiens de la caste des guerriers qui quittèrent leur pays sous le règne de Psammitique, à la suite de l'affront que ce roi leur avait fait en plaçant aux premiers rangs dans la bataille ses troupes auxiliaires levées en pays étrangers [4]. Les Juifs qu'on rencontre encore aujourd'hui dans les montagnes de l'Abyssinie, et qui, gouvernés par un prince de la race de David, attendent encore le Messie promis par les prophètes et appelé à convertir tous les peuples au culte de Jéhovah, ne sont point venus dans ces contrées du temps de Salomon, ainsi qu'on l'a prétendu, mais plutôt sous les

---

1. Jos., *Antiq.*, XI, 8; *Guerre de Jud.*, II, 18; *Cont. Ap.*, I, 8.

2. Le récit de Josèphe est évidemment empreint d'exagération, quand il parle de la *soumission* des Égyptiens; on sait que ce peuple, à cause de sa haine invétérée contre les Perses, accueillit Alexandre comme un libérateur. (Diod. Sic., XVII, 49. Arrien, *Expéd. d'Alex.*, III, 1. Quinte-Curce, IV, 7.) Josèphe a sans doute entendu parler d'efforts isolés, tentés par les Perses et leurs partisans, pour résister à l'invasion macédonienne. (Quinte-Curce, IV, 7, 3.)

3. Jos., *Cont. Ap.*, I, 8.

4. Ritter, *Géogr. comp. de l'Afrique*, t. I, p. 301.

Ptolémées, à la suite des relations de commerce qui s'établirent entre l'Égypte et l'Éthiopie, peut-être même seulement après la prise de Jérusalem par les Romains [1].

La plus importante et la plus célèbre des œuvres fondées par le conquérant macédonien fut la ville d'Alexandrie, qui devait effacer Tyr et Carthage et devenir l'entrepôt du commerce universel, le lien de l'Orient et de l'Occident, le foyer principal de cette civilisation gréco-asiatique qui naquit de l'expédition d'Alexandre.

A quel titre et dans quelles proportions les Juifs furent-ils admis dans cette nouvelle cité, où Josèphe rapporte que le roi de Macédoine les convia [2]? Les autres historiens, sans se trouver toutefois en désaccord à ce sujet avec l'historien juif, ne nous fournissent que des renseignements incertains sur les divers éléments qui entrèrent dans la population d'Alexandrie [3]. Polybe et Strabon font seuls exception, quoique leurs données soient encore fort incomplètes. Le premier énumère trois classes d'habitants : les indigènes, les troupes mercenaires et les Alexandrins [4], et par ce dernier mot il désigne cette foule confuse d'individus qui étaient accourus de toutes les parties de la Grèce à l'appel du fondateur. Il ne fait aucune mention des Juifs, quoique cette nation ne lui ait point été inconnue [5], soit qu'il les ait passés sciemment sous silence à cause du mépris qu'il leur portait, soit qu'il les ait compris dans l'une ou l'autre des deux premières classes [6].

---

1. Ritter, t. I, p. 303, 312, etc.

2. Jos., *Guerre de Jud.*, II, 18; *Cont. Ap.*, II, 2.

3. Justin, XI, 11. Quinte-Curce, IV, 8, 5. Amm. Marcell., XXII, 16, 15.

4. Polyb., XXXIV, 14. Édit. Firm. Didot, Paris, 1850, vol. II, p. 119. Ce passage a été conservé par Strabon, XVII, 1.

5. Polyb., XVI, 59. Vol. I, p. 592. Passage conservé par Josèphe, *Antiq.*, XII, 3.

6. Jos., *Guerre de Jud.*, II, 18; *Cont. Ap.*, II, 2.

Strabon nous apprend qu'il y avait des Juifs à Alexandrie, et il les distingue des autres habitants[1].

Nous savons, du reste, par Quinte-Curce et Ammien Marcellin, qu'Alexandre, afin de compléter la population de la ville qu'il venait de fonder, crut devoir stimuler le zèle des nations voisines (*accolas*), en leur promettant sans doute des avantages plus ou moins considérables. Les Juifs ne restèrent ni étrangers, ni sourds à cet appel, car nous les retrouvons en grande faveur auprès d'Alexandre et, plus tard, auprès des Lagides et des Séleucides, non-seulement parce que ces princes avaient su apprécier leurs précieuses qualités, leur grande sobriété, leur activité infatigable et surtout leur esprit industrieux [2], mais encore parce que ces étrangers, se sentant l'objet des mépris et de la haine des autres peuples, dont ils différaient par le culte, les mœurs et les institutions[3], devaient se montrer d'autant plus empressés à mériter les bonnes grâces du souverain par leur fidélité, leur obéissance parfois servile, et leur esprit d'isolement. Aussi jouissaient-ils à Alexandrie des mêmes droits et des mêmes honneurs que les Grecs[4].

II. Sous Ptolémée Ier, fils de Lagus.

§ 7.

Ptolémée Ier obtint, après la mort d'Alexandre le Grand, le gouvernement de l'Égypte et de la Libye, qui forma bientôt

---

1. Strabon, cité par Jos., *Antiq.*, XIV, 7. Comp. Strabon, *Géogr.*, XVII, 1-12. Plutarq., *Vie de Lucullus*, c. 28. Strabon lui-même (*Géogr.*, XVII, 1) ne fait pas mention des Juifs d'Alexandrie.

2. Philon, *Cont. Flaccus*, trad. franç. de Morel. Paris, 1619, t. I, p. 1002. *Ambassade à l'empereur Caïus*, p. 1093 et suiv.

3. Le rhéteur rhodien Apollonius, cité par Jos., *Cont. Ap.*, II, 6. (Comp. Jos., *Cont. Ap.*, I, 9.) Tacite, *Hist.*, V, 5-8. Juvén., *Sat.*, XIV, 103. Diod. Sic., XXXIV, etc.

4. Jos., *Cont. Ap.*, II, 2.

après ce royaume gréco-égyptien où s'accomplit, par le commerce et par la science, l'union de l'Orient et de l'Occident, telle que l'avait sans doute conçue le génie d'Alexandre. Ptolémée, qui se distinguait entre les autres généraux, ses collègues, autant par son affabilité, sa fermeté et sa prudence que par une sage modération et une rare intelligence de ses véritables intérêts, sut habilement faire son profit de l'ambition des autres chefs, surtout d'Antigone et de Démétrius, pour ajouter à ses États la Célésyrie, la Phénicie et la Palestine, dont il voulait faire le boulevard de l'Égypte du côté du Nord[1]. Les succès d'Antigone et de son fils l'empêchèrent d'abord d'arriver à ses fins; mais, après la chute de ces princes, il entra en possession de ces provinces qu'il avait dû leur céder à diverses reprises[2].

Dans une de ses premières expéditions en Syrie, où son général Nicanor venait de vaincre Laomédon qui y commandait, et de s'emparer des principales villes de la Phénicie, 320, Ptolémée s'avança avec son armée jusque sous les murs de Jérusalem dont il s'empara. Il usa avec rigueur du droit de la victoire, parce que les Juifs de la Palestine avaient sans doute embrassé la cause de ses adversaires[3]. Jérusalem vit ses murailles détruites de fond en comble[4], et le vainqueur emmena en Égypte un grand nombre d'habitants non-seulement de cette ville, mais encore des diverses contrées de la Judée et de la Samarie[5].

---

1. Diod. Sic., XVIII, 43.

2. Diod. Sic., XVIII, 19-20. Polyb., V, 67. Pausan., I, 6. Appien, *De reb. Syr.*, c. 52 et suiv.

3. Jos., *Antiq.*, XII, 1. Pour ce qui concerne les cruautés exercées par Ptolémée, il est permis de croire que l'historien a exagéré. Comp. XII, 3; XIV, 6-8; *Guerre de Jud.*, I, 8.

4. Appien, *De reb. Syr.*, c. 50.

5. Aristée, comp. Jos., *Cont. Ap.*, I, 8.

A cette émigration forcée en succéda une autre ayant un caractère tout différent. Ptolémée venait de triompher à Gaza de l'inexpérience de Démétrius, fils d'Antigone, 312, et la soumission de Sidon et de Tyr l'avait rendu maître de la Phénicie et de la Syrie[1], lorsque l'arrivée d'Antigone, qui brûlait de venger la défaite de son fils, le força de rentrer en Égypte, parce qu'il n'osait risquer une bataille décisive et qu'un de ses lieutenants avait été, dans l'intervalle, attaqué et défait en Syrie par Démétrius, qui venait de reparaître avec une nouvelle armée. Au moment où, abandonnant ses conquêtes en Asie, il était sur le point de se retrancher dans la vallée du Nil, où il était toujours invincible, des Juifs l'y suivirent en grand nombre, attirés autant par la fertilité de cette terre d'Égypte pour laquelle leurs pères avaient témoigné presque constamment une prédilection particulière et coupable aux yeux de leurs prophètes, que par les libéralités du monarque, dont la rigueur n'avait été que momentanée.

Le nombre des prisonniers que Ptolémée emmena en Égypte après la prise de Jérusalem peut être évalué à environ 100,000[2]; nous ne pourrions déterminer avec autant de précision celui des Juifs qui le suivirent volontairement après la bataille de Gaza; les renseignements font défaut à cet égard.

<h3 style="text-align:center">§ 8.</h3>

Ptolémée, au milieu des occupations de la paix et des agitations de la guerre, ne perdit jamais de vue le projet d'Alexandre, qui consistait à faire de l'Égypte le centre du commerce du monde. Il s'appliqua surtout à orner Alexandrie de temples[3], de palais et d'édifices somptueux, et à y attirer

---

1. Vaillant, *Hist. Ptolem. ad fidem numismat. accommod.* p. 9 et suiv. Amstelod., 1701.
2. Jos., *Antiq.*, XII, 2.
3. Tacite, *Hist.*, IV, 83.

G.   2.

tout un peuple de commerçants, d'industriels, de **savants**
et d'artistes. La plupart des Juifs qui l'avaient suivi en
Égypte furent établis à Alexandrie, où ils obtinrent les
mêmes avantages que leurs coreligionnaires qui les y avaient
précédés, et furent appelés à jouir des mêmes droits que
les Grecs et les Macédoniens; les autres furent incorporés
dans l'armée et employés, comme sous les Pharaons et les
Perses, dans les forteresses situées sur les frontières du
royaume[1].

Nous avons vu précédemment que les rois d'Égypte, à
partir du règne de Psammitique, aimaient à s'entourer de
mercenaires étrangers, surtout depuis qu'ils s'étaient vus
privés des services de la caste des guerriers. L'exemple
donné par Psammitique était devenu en quelque sorte une
maxime d'État, que les Ptolémées crurent devoir adopter à
leur tour avec d'autant plus d'empressement qu'ils avaient
reconnu que le caractère des indigènes était peu belli-
queux[2], et qu'eux-mêmes, en leur qualité d'étrangers, ils
étaient loin de posséder toutes les sympathies de cette nation qui avait repoussé si longtemps toute influence du
dehors[3]. Aussi les voyons-nous prendre à leur service des
Macédoniens, des Thraces, des Grecs de l'Étolie et du Péloponèse et jusqu'à des Gaulois[4]; ils étaient donc consé-
quents avec eux-mêmes en enrôlant également dans leurs
armées des Juifs libres ou rendus à la liberté. Mais que
Ptolémée Ier ait accordé, ainsi que le rapporte Josèphe,
aux mercenaires de la Judée et de la Samarie une solde

---

1. Jos., *Antiq.*, XII, 1-2; *Cont. Ap.*, II, 2. Aristée, p. 235.

2. Il y avait, il est vrai, des Égyptiens dans les armées des Ptolémées.
(Diod. Sic., XIX, 80. Polyb., V, 107.) Cependant leur force principale rési-
dait dans les troupes mercenaires.

3. Les indigènes se soulevèrent plus d'une fois contre les Ptolémées.
(Polyb., III, 2; V, 107; XXIII, 16. Pausan., I, 9.)

4. Polyb., V, 36-65. Pausan., I, 7.

plus élevée qu'aux autres, permis au Juif Apelle de le croire; pour nous, nous avons de bonnes raisons pour en douter. D'abord, le témoignage de Josèphe ne se trouve confirmé par celui d'aucun historien plus impartial; ensuite nous serions assez disposé à croire que ces Syriens que Cléomène accuse de lâcheté n'étaient autres que des Juifs[1]. Peut-être ce prince aura-t-il cru devoir user de ce moyen pour vaincre la répugnance bien prononcée de ce peuple pour le service militaire[2], répugnance qui provenait en grande partie de son respect pour les institutions religieuses de ses pères, et de l'espèce de mépris que les autres peuples affectaient pour ses enseignes militaires. Quoi qu'il en soit, il est certain que les Juifs servaient dans les armées des Ptolémées, et que quelques-uns y arrivèrent à des grades fort élevés[3].

Ce qui restait des Juifs venus en Égypte, en 312, à la suite de Ptolémée Ier, fut réparti par ce roi dans les différentes places fortes du pays, sans doute dans celles qui protégeaient les frontières. Du côté de l'Est, c'était Péluse, où nous voyons des Juifs tenir garnison sous le règne de Ptolémée Aulète[4], Daphné[5] et d'autres places fortes de la province d'Héroopolis, destinées à couvrir le royaume du côté de la Syrie et de l'Arabie. A l'Ouest, c'était Parétonium, ville principale de la province de Libye[6]; vers l'Éthiopie, c'étaient encore Syène, Éléphantine, Philae qui devaient

---

1. Polyb., V, 36.

2. Jos., *Antiq.*, XIV, 4; XVIII, 3-5; *Guerre de Jud.*, I, 33.

3. Jos., *Antiq.*, XIII, 10; *Cont. Ap.*, II, 2. Ils servirent aussi sous les Romains; 500 Juifs suivirent les enseignes d'Ælius Gallus. (Strab., XVI, 4.) 4,000 soldats juifs furent envoyés par Tibère en Sardaigne. (Jos., *Antiq.*, XVIII, 3. Suétone, *Tib.*, c. 36.) Voir la remarque de Tacite, *Ann.*, II, 85.

4. Jos., *Antiq.*, XIV, 6; *Guerre de Jud.*, I, 8.

5. Hérod., II, 30. Comp. Jos., *Antiq.*, XIV, 8.

6. Jos., *Cont. Ap.*, II, 2. Cette place forte était destinée à contenir les Libyens. (Amm. Marcell., XXII, 16, 5-24.)

assurer non-seulement la frontière du Sud contre les ennemis du dehors, mais encore les nombreuses caravanes
contre les attaques des brigands.

§ 9.

Ptolémée ne se borna pas à agrandir la colonie juive
d'Alexandrie, la plus considérable que cette nation possédât
hors de la Palestine; il en fonda encore d'autres dans les
différentes parties de l'Égypte, et c'est à lui qu'on fait remonter avec raison la fondation d'une autre colonie juive,
également fort importante, celle de Cyrène[1].

Ce prince entreprit quatre expéditions dans la Cyrénaïque; la première avait pour but d'en expulser le Lacédé-
monien Thimbron, qui, à la tête d'une armée de mercenaires, s'était emparé de Cyrène après un siége long et
rigoureux; les troupes égyptiennes étaient commandées
par le Macédonien Ophellas, qui vainquit l'usurpateur et le
fit mettre en croix, 322. La seconde expédition eut lieu
vers la fin de cette même année et fut dirigée par le roi
en personne, sa présence ayant été jugée nécessaire pour
ramener à l'obéissance les Cyrénéens qui refusaient avec
opiniâtreté de reconnaître son autorité[2]. La troisième fut
confiée à Agis, que Ptolémée avait chargé du soin de châtier
les Cyrénéens qui avaient fait périr des envoyés royaux et
tenaient Ophellas assiégé dans la citadelle, 313[3]. La qua-
trième enfin fut dirigée par Magas, fils de Bérénice, épouse
de Ptolémée, 300, qui devait, à son tour, bientôt après lever
à Cyrène l'étendard de la révolte[4].

Nous ne pensons pas que des Juifs aient fait partie des

---

1. Jos., *Cont. Ap.*, II, 2.
2. Diod. Sic., XVIII, 21. Comp. XVIII, 43. Pausanias (I, 6) ne s'accorde
pas avec Diodore pour l'ordre des temps.
3. Diod. Sic., XIX, 79.
4. Pausan., I, 6. Vaillant, *Hist. Ptolem.*, p. 18 et suiv.

deux premières expéditions; mais il est probable qu'ils prirent part aux deux autres, soit comme soldats, *milites præsidiarii*, soit comme colons [1]. Leur nombre dut nécessairement s'accroître par suite d'émigrations partielles et successives; c'est ainsi que, lorsque Antiochus Épiphane sévissait contre les Juifs de Palestine, un grand nombre de ces derniers allèrent, dit-on, rejoindre leurs coreligionnaires de la Cyrénaïque. De plus, nous savons que ceux-ci formaient à eux seuls à peu près le quart de la population de Cyrène [2]. Ils s'établirent, en outre, dans d'autres villes de cette contrée, ainsi que le confirment les témoignages de Josèphe, de Procope et des livres saints, et notamment le fameux décret rendu par les Romains en faveur des Juifs de Bérénice [3].

Les Juifs avaient été établis dans la Cyrénaïque pour y soutenir la domination égyptienne; c'est pour cette raison, sans doute, qu'on leur accorda les mêmes droits qu'aux Grecs, car il importait de s'assurer de leur fidélité. Ceux de Bérénice, par exemple, pouvaient prétendre aux emplois publics, célébrer publiquement leur culte, tenir des assemblées générales et envoyer librement à Jérusalem leurs contributions en argent pour l'entretien du temple [4].

Nous trouvons fort peu d'agriculteurs parmi ces nou-

---

1. Jos., *Cont. Ap.*, II, 2.

2. Jos., *Antiq.*, XIV, 7; XVI, 6. *Cont. Ap.*, II, 2. Dion Cass., LVIII, 32. I Macch., xv, 23. Les Juifs de Cyrène se trouvaient en si grand nombre à Jérusalem, qu'ils y avaient une synagogue. (Act. des Ap., ii, 10; vi, 19.)

3. Borée, Bérénice, etc. Jos., *Antiq.*, XVI, 5. Procop., *De ædific. Justiniani*, VI. 2. Marc, xv, 21. Act. des Ap., xi, 21; xiii, 1. Il existe encore aujourd'hui des Juifs à Bengasi, sur l'emplacement de l'ancienne Bérénice. (*Voyage dans la Marmarique, la Cyrénaïque, et les oasis d'Audjilah.* Paris, 1828.)

4. Jos., *Antiq.*, XVI, 6. Comp. Cicer., *Pro Flacco*, c. 28. Philon, **Ambassade à Caïus**, p. 1089-1090.

veaux colons[1]; la plupart exerçaient des professions manuelles : ils étaient tisserands[2], orfévres, graveurs[3]; d'autres se livraient au commerce, et, grâce à des dispositions naturelles, qu'on pourrait presque dire particulières à cette nation, aux ports nombreux que possédait la Cyrénaïque et aux routes qui la traversaient et mettaient l'Égypte en communication avec les pays situés plus à l'Ouest[4], plusieurs d'entre eux étaient parvenus à amasser des richesses considérables[5].

Cependant il ne leur fut pas donné de jouir en paix de tous ces avantages; des révoltes fréquentes éclatèrent parmi eux, et, quoique apaisées momentanément par Lucullus, par Auguste, par Vespasien[6], elles déposèrent dans les esprits un levain d'irritation assez puissant pour produire, sous le règne de Trajan, cette sanglante insurrection qui coûta la vie à plus de 200,000 Romains et Cyrénéens, et fut étouffée, sous Adrien, par les supplices les plus cruels[7].

§ 10.

Déjà, dès les temps les plus anciens, l'Égypte et la Cyrénaïque servaient d'intermédiaires entre l'Orient et l'Occident; les routes qui les traversaient étaient constamment

---

1. Surtout à Cyrène, où ils se distinguaient ostensiblement des agriculteurs. (Jos., *Antiq.*, XIV, 7.) Et cependant le sol de la Cyrénaïque était des plus fertiles. (Plin., *Hist. nat.*, V, 5. Ritter, t. III, p. 226 et suiv.)

2. Jos., *Guerre de Jud.*, XIV, 7. Les Juifs de la Babylonie exerçaient fréquemment cette profession. (Jos., *Antiq.*, XVIII, 9.)

3. Ælien, *Hist. var.*, XII, 30. Encore aujourd'hui, les Juifs, composant la moitié de la population de Bengasi, sont les seuls industriels. (Ritter, t. III, p. 132.)

4. Ces routes conduisaient d'Alexandrie, par Parétonium, à Cyrène et plus loin à l'Ouest. (Ritter, t. III, p. 210-248; p. 281-299.)

5. Jos., *Guerre de Jud.*, VII, 11.

6. Jos., *Antiq.*, XIV, 7. Plutarq., *Vie de Lucullus*, c. 2. Suet., *Vesp.*, c. 2. Comp. Jos., *Antiq.*, XVI, 6; *Guerre de Jud.*, VII, 11.

7. Dion. Cass., LXVIII, 32.

fréquentées par des caravanes de marchands, de guerriers et de colons qui rencontraient çà et là, sur leur passage, des marchés, *emporia*, disposés le long des côtes ou au milieu des océans de sable. Nous avons lieu de croire que les Juifs profitèrent aussi de ces voies de communication, quoique nous manquions de renseignements positifs à cet égard.

Nous les retrouvons d'abord à Borée, port de la Cyrénaïque, situé à l'extrémité orientale de la grande Syrte; ils y avaient un temple fort ancien, dont ils faisaient même remonter l'origine aux temps de Salomon, et que l'empereur Justinien fit convertir en église chrétienne, après que les habitants de cette ville se furent convertis au christianisme[1].

Rien ne nous empêche d'admettre qu'ils s'établirent à Charax, ville située plus à l'Ouest, attirés sans doute par le commerce de contrebande qui s'y faisait entre les Cyrénéens et les Carthaginois[2]. Comme cette ville se trouvait déjà au delà de l'autel des Philènes et presque sur le territoire carthaginois, il y a lieu de supposer, en outre, que, leurs relations s'étendant de plus en plus, ils finirent par s'établir également à Carthage. En effet, nous les y rencontrons sous le règne de Sévère, alors que les chrétiens avaient des persécutions à subir de la part de cet empereur qui les haïssait; et, si nous en croyons Tertullien, leur conduite envers ces derniers ne fut rien moins que louable en cette occasion.

Nous ajouterons que les Carthaginois sont nommés dans le Talmud; or, on sait que ce livre ne fait mention que des lieux qui étaient habités par les Juifs.

---

1. Procop., *De œdific. Justiniani*, VI, 2.

2. Les vins et surtout le *laser*, espèce de résine aromatique, étaient l'objet de ce commerce interlope. (Strab., XVII, 1.) Les droits de douanes, fort élevés chez les Carthaginois, poussaient à la contrebande. (Heeren, *Politique et Commerce des anciens peuples*, trad. franç., t. IV, p. 167, 168.)

§ 11.

Si nous voyons ici, comme en d'autres lieux, les Juifs se poser en antagonistes du christianisme naissant, n'oublions pas, d'un autre côté, que, par cela même que cette nation se répandit sur tout le littoral africain de la Méditerranée et dans les diverses contrées de l'Europe et de l'Asie, elle fraya les voies à la nouvelle religion, soit en acceptant avec empressement les doctrines de l'Évangile, soit en propageant son propre culte parmi les Gentils. Nous accordons sans peine que la grande majorité des Juifs, qui quittaient ainsi le pays de leurs pères, étaient surtout poussés à ces émigrations par la perspective de profits plus ou moins assurés, et que, s'ils ne devinrent pas entièrement infidèles aux lois de Jéhovah, il leur arriva cependant plus d'une fois de les négliger dès que leur intérêt bien entendu semblait l'exiger[1]. Cependant il y en eut dans le nombre qui se montrèrent animés d'un zèle ardent autant que sincère, pour convertir à leur foi et gagner à leurs institutions les étrangers au milieu desquels ils étaient appelés à vivre[2]; et ces hommes, assez nombreux, du reste, n'étaient pas toujours des prêtres ou des docteurs de la loi; c'étaient fort souvent des marchands, des guerriers et même des esclaves[3], qui s'efforçaient ainsi de servir les intérêts de cette religion qui, selon les oracles divins, devait confondre un jour tous les peuples dans une seule et même famille.

Si, d'un autre côté, nous considérons que les doctrines enseignées par les Juifs étaient bien plus propres que les superstitions de la Grèce et de l'Orient à satisfaire aux be-

---

1. Jos., *Antiq.*, XVIII, 3.
2. Matth., XXIII, 15.
3. Jos., *Antiq*, XX, 2.

soins du cœur et de l'intelligence, et que ces docteurs, qui ne dédaignaient pas d'adopter en partie les mœurs et les usages de leurs nouveaux disciples, avaient en eux je ne sais quoi qui commandait le respect de ces derniers, nous ne nous étonnerons pas qu'à Antioche, à Damas, à Rome[1] et en tant d'autres lieux cités dans les livres du Nouveau Testament, un si grand nombre d'hommes vacillants dans leur foi[2] aient adopté la loi et les usages mosaïques, et que Sénèque ait pu s'écrier dans son indignation : « Les coutumes de cette nation impie ont poussé en tous lieux des racines tellement fortes et profondes, qu'elles sont reçues presque partout et que les vaincus ont imposé leurs lois aux vainqueurs[3]. »

III. Sous Ptolémée II, Philadelphe.

§ 12.

. Ptolémée Ier possédait toutes les qualités nécessaires à un fondateur d'empire; il était brave, actif, prudent, ennemi de la débauche, affable envers ses sujets, nationaux et étrangers. Ptolémée Philadelphe, son fils et son successeur, était doué, de son côté, des qualités les plus propres à assurer la prospérité d'un État déjà constitué et bien réglé; il se distinguait par sa libéralité et sa munificence; il aimait les arts et les lettres, et se montrait, en général, passionné pour tous les trésors de la paix. Aussi ses contemporains et la postérité oublièrent-ils, dans leur reconnaissance, les défauts et les vices de ce prince pour ne tenir compte que de ses brillantes qualités.

---

1. Jos., *Guerre de Jud.*, II, 20; VII, 3. Tacite, *Hist.*, V, 5. Juvén., *Sat.*, VI, 524 et suiv.; XIV, 96 et suiv.

2. Jos., *Cont. Ap.*, II, 6, 7.

3. Sénèque, *Des Superstitions*, cité par saint Augustin, *De Civitate Dei*, VI, 11.

Un pareil souverain dut se montrer favorable aux Juifs. En effet, peu de temps après son avénement, il fit servir une somme de plus de 460 talents à rendre à la liberté ceux de leur nation qui gémissaient dans l'esclavage [1]. Ce trait ne nous paraîtra pas incroyable, si nous considérons d'abord qu'une dépense aussi forte n'était nullement hors de proportion avec les ressources immenses que les Ptolémées avaient à leur disposition [2], et qu'ensuite Philadelphe se laissa sans doute guider en cette circonstance par des considérations politiques d'un ordre plus élevé. En effet, un tel bienfait devait non-seulement affermir les Juifs d'Égypte dans leurs sentiments de fidélité à son égard, mais encore prédisposer en sa faveur ceux de Palestine, ainsi que tous leurs coreligionnaires dispersés dans les vastes États des Séleucides. Plusieurs de ces Juifs qui durent ainsi leur liberté à la munificence de Philadelphe s'en retournèrent peut-être en Palestine [3]; cependant il est assez probable que la plupart restèrent en Égypte au milieu de leurs frères, qui n'avaient pas, comme eux, traversé les rudes épreuves de la captivité et de l'esclavage.

Le roi d'Égypte envoya, en outre, de riches présents au temple de Jérusalem, qui continuait d'être un objet de vénération pour tous les Juifs de la dispersion [4]. Ptolémée II

---

1. Josèphe (*Antiq.*, XII, 2) et Aristée (p. 238) ne sont pas d'accord quant au nombre des talents; ce dernier parle de 400. Dans le passage de Josèphe, il est également fait mention d'esclaves juifs qui auraient été amenés en Égypte sous le règne de Philadelphe. Or, la guerre que ce prince fit à Antiochus Ier n'ayant eu lieu que plus tard, il y a lieu de supposer que cet historien entend parler d'esclaves qui auraient été achetés pour compte de particuliers.

2. App., *Hist. rom.*, préf., c. 10.

3. C'est du moins ce que permet de supposer le passage de Josèphe (*Antiq.*, XII, 2). Saint Augustin tient ce retour pour certain (*De Civitate Dei*, XVIII, 42, 45).

4. Philon, *Pour Flaccus*, p. 989.

ne fit en ceci que se conformer à un usage fort ancien, et presque généralement adopté par les souverains de Grèce et d'Asie, celui d'honorer de cette manière les sanctuaires les plus vénérés des autres peuples. Pour peu que nous tenions compte des rapports qui ont dû exister entre ces princes d'origine étrangère et leurs sujets indigènes et étrangers, nous n'hésiterons pas à reconnaître que cet acte de libéralité fut dicté par des motifs politiques plutôt que religieux [1].

Enfin, le nouveau roi voulut connaître les doctrines religieuses des Juifs. Il serait impossible de nier le fait de la version des LXX [2]; pour ce qui est de savoir si Démétrius de Phalère a pris part à ce travail de traduction, c'est là une question que nous pourrions peut-être résoudre facilement en admettant que cet écrivain célèbre, que Cicéron appelle le plus érudit de tous les orateurs qui l'ont précédé [3], et qui, sans doute, ne resta pas étranger à la fondation de la bibliothèque d'Alexandrie, engagea non pas Ptolémée II, qui ne l'aimait pas [4], mais son père Ptolémée Ier, qui l'estimait et le consultait [5], à faire traduire en langue grecque les livres sacrés des Juifs, et que Philadelphe, qui tenait à honneur de mener à bonne fin toutes les entreprises littéraires et scientifiques commencées par son père, fit conti-

---

1. Letronne, *Recherches pour servir à l'histoire de l'Egypte*, p. 18, 337.

2. Parmi les détails racontés à ce sujet, il en est un qui nous semble fort probable, c'est qu'on fit venir des Juifs de la Palestine pour coopérer à ce travail; il est hors de doute que la plupart des Juifs d'Alexandrie avaient perdu en grande partie l'usage de la langue hébraïque.

3. Cicer., *Orator.*, c. 9. Comp. Cicer., *De legg.*, III, 14.

4. Peut-être, parce qu'il avait conseillé à Ptolémée Ier de laisser le trône à un autre de ses fils. Philadelphe l'exila dans la haute Égypte, où il mourut, dit-on, de la morsure d'un serpent. Cicer., *Pro Rabirio posth.*, c. 9.

5. Ælien, *Hist. var.*, III, 17. Comp. Diog. Laërt, V, § 75-83.

nuer et achever ce travail remarquable, qui devait trouver sa place dans la bibliothèque des rois d'Égypte et était attendu avec une certaine impatience non-seulement par les savants de l'époque, mais encore par la plupart des Juifs de la dispersion.

§ 13.

Mais ce qui contribua surtout à lui concilier l'attachement des Juifs, c'est que, se mettant au-dessus des préventions et des préjugés dont cette nation était l'objet, il les fit entrer en grand nombre dans ses armées et en admit plusieurs à sa cour, où l'on pouvait, du reste, rencontrer des représentants des diverses nationalités. Cette cour d'Alexandrie offrait, en effet, sous les Ptolémées un spectacle tout particulier; on y remarquait, à côté de l'urbanité spirituelle, de l'élégance exquise et du franc-parler des Grecs, l'orgueil et la rudesse soldatesque des Macédoniens et des Gaulois; à côté du luxe fastueux et de la mollesse des Asiatiques, introduits en Égypte à la suite des alliances contractées avec les Séleucides, l'obséquiosité servile des Africains, toujours disposés à louer chez leurs maîtres leurs vertus aussi bien que leurs vices. Il était impossible que les Juifs ne trouvassent pas quelque rôle important à jouer sur cette scène si remarquable par sa merveilleuse variété; lors même que la bienveillance des Ptolémées ne les eût pas prévenus, ils s'y seraient sans doute conquis d'eux-mêmes une place sûre et commode, grâce à la souplesse de leur caractère, à leurs habitudes d'obéissance parfois excessive, à la facilité avec laquelle ils pouvaient échanger leurs propres coutumes contre celles des peuples étrangers[1]; grâce, enfin, à cette rare persévérance, qui les caractérise à un haut degré, et avec laquelle ils obtinrent plus tard de l'avarice

---

1. Jos., *Antiq.*, XII, 5.

de Claude l'autorisation de relever les murailles de Jérusalem [1]. Ils firent même en très-peu de temps de tels progrès dans la faveur des rois et des courtisans les plus influents [2], que nous les voyons, surtout sous les règnes d'Évergète Ier, d'Épiphane Ier et de Philométor, prendre place aux banquets et aux conseils des rois, présider aux affaires de la guerre [3], porter le nom de précepteurs royaux [4], et intéresser à leurs discussions, parfois sanglantes, avec les Samaritains [5], les souverains eux-mêmes, qui, du reste, ne dédaignaient pas de se mêler aux luttes des philosophes et des poëtes.

§ 14.

Souvent aussi ils prenaient à ferme les impôts levés dans les provinces; témoin, sous Ptolémée III Évergète, ce fameux Joseph, qui, grâce à la protection d'un courtisan puissant, gagné par son or, fut chargé du recouvrement des impôts dans les provinces de Célésyrie, de Phénicie, de Judée et de Samarie, après qu'il eut fait des offres plus élevées que ses compétiteurs [6].

Ce sont encore des Juifs qui administraient le trésor du roi, qui était en même temps celui de l'État; ainsi ce Rabirius qui fut l'intendant de Ptolémée Aulète, et que Cicéron se chargea de défendre en justice [7]; tels furent encore, à

---

1. Tacite, *Hist.*, V, 12.

2. Comme, du reste, Daniel, Zorobabel, Esdras, Néhémie, à la cour des rois de Babylone et de Perse. (Jos., *Antiq.*, X, 10, 11; XI, 3 5.)

3. Jos., *Antiq.*, XII, 4; *Cont. Ap.*, II, 2.

4. II Macch., I, 10.

5. Jos., *Antiq.*, XIII, 3.

6. Jos., *Antiq.*, XII, 14. Il offrit 16,000 talents au lieu des 8,000 qu'on payait ordinairement, et entra, avec une escorte de 2,000 satellites dans ces provinces qu'il accabla de ses exactions.

7. Cicer., *Pro Rabirio posth.*, VIII, 10.

une époque postérieure, les Juifs et les Samaritains qui vivaient à la cour de l'empereur Honorius[1].

Nous les voyons, en outre, occuper, dans les différentes cours, des postes d'un autre genre, réservés d'ordinaire aux esclaves et aux affranchis. C'est ainsi que Livie, mère d'Auguste, avait parmi les femmes qui la servaient, une Juive du nom d'Acmé[2]; Thallus, l'affranchi de Tibère, appartenait également à cette nation[3]. Nous savons, de plus, que Poppéa Sabina, la concubine puis l'épouse de Néron, avait pour favori un joueur de flûte d'Alexandrie, nommé Eucérus, qui la détermina à prendre les Juifs sous sa protection[4]. On racontait même que cette courtisane célèbre était secrètement adonnée au culte mosaïque[5]; peut-être y avait-elle été initiée par ce même Eucérus, à moins toutefois que cette conversion n'ait été l'œuvre de quelque servante de cette nation.

C'est ainsi qu'on peut affirmer avec quelque raison que, même dans le palais des Césars, les Juifs ont frayé les voies à la religion du Christ[6].

Nous avons lieu de supposer que Marthe, l'une des deux femmes que Cléopâtre, reine d'Égypte, emmena avec elle, quand, après le naufrage de toutes ses espérances, elle vint s'enfermer dans la retraite où ses trésors étaient déposés[7], appartenait à la nation juive, chez laquelle ce nom était

---

1. Basnage, t. VIII, p. 229, 230, 237.

2. Jos., *Antiq.*, XVII, 5.

3. Jos., *Antiq.*, XVIII, 6.

4. Jos., *Vie de Josèphe*, 3.

5. Jos., *Antiq.*, XX, 8. Comp. Tacite, *Ann.*, XIII, 45; XIV, 60; XVI, 6.

6. Ép. aux Philip., iv, 22.

7. Cette Marthe est appelée Charmione par Plutarque (*Vie d'Antoine*, c. 60, 86). Mais il ne faut pas oublier que les Juifs portaient ordinairement deux noms; l'un qui leur appartenait en propre, et l'autre qui leur était donné chez les étrangers.

porté très-fréquemment[1]. Cela est d'autant plus croyable, que cette reine comptait des milliers de Juifs parmi ses sujets les plus fidèles, et qu'elle apprit, dit-on, à parler leur langue[2].

Enfin, pour le dire en passant, le Bruchium ou palais des Ptolémées touchait aux quartiers de la ville habités exclusivement par les Juifs[3]. Un tel voisinage était loin de déplaire à ces princes, autant à cause de la fidélité éprouvée des gens de cette nation que des services qu'ils furent sans doute appelés plus d'une fois à leur rendre au milieu des troubles suscités par la populace turbulente de leur capitale. Aussi furent-ils comblés de faveurs par la plupart des Ptolémées et même par Jules César, qui eut à se louer de leurs services pendant la guerre dite d'Alexandrie[4]; et c'est sans doute pour cette raison que les Juifs de Rome, prenant une vive part au deuil public causé par la mort du dictateur, visitèrent avec force lamentations et plusieurs nuits de suite le bûcher du dictateur, sur lequel on avait jeté une quantité d'objets précieux[5].

§ 15.

Parmi les Juifs qui recouvrèrent leur liberté à l'avénement de Ptolémée Philadelphe, les uns, et c'étaient sans

---

1. Luc, x, 40. Plutarq., *Vie de Marius*, c. 17.

2. Plutarq., *Vie d'Antoine*, c. 27.

3. La ville d'Alexandrie était divisée en cinq quartiers, dont deux, habités par les Juifs, étaient plus rapprochés de la mer que les trois autres. (Philon, *Cont. Flaccus*, p. 992.)

4. *De bello Alexandrino*, c. 23. Les courtisans qui étaient dans le camp des Romains et qui déterminèrent les Alexandrins découragés à traiter avec César, étaient, nous le croyons, des Juifs dont les affaires se trouvaient sans doute arrêtées et compromises par cette guerre opiniâtre. Pompée avait profané le temple des Juifs; aussi ces derniers avaient-ils applaudi à sa défaite, et un grand nombre avaient suivi Mithridate de Pergame en Égypte pour débloquer César.

5. Sueton., *Julius*, c. 84 : *Præcipueque Judæi, qui etiam noctibus continuis bustum frequentarunt.* (Jos., *Antiq.*, XIV, 8, 10.)

doute les plus valides, furent incorporés dans les troupes du roi[1]. Les autres se livrèrent à des spéculations de commerce, soit pour leur propre compte, quand leur état de fortune le permettait, soit pour le compte de leurs coreligionnaires établis à Alexandrie ou dans d'autres pays; leurs entreprises étaient alors singulièrement favorisées par la puissance toujours croissante des Ptolémées, dont la domination s'étendait sur une très-grande partie du littoral de la Méditerranée et du golfe Arabique.

L'historien Josèphe ne nous fournissant que de très-vagues renseignements sur les localités où les Juifs tenaient garnison ou se livraient au commerce, nous essayerons de suppléer à son silence en hasardant quelques conjectures à cet égard.

Les contrées de l'Égypte comprises entre le Nil et le golfe Arabique ont dû être, après la ville d'Alexandrie, le théâtre principal de leurs transactions commerciales[2]. En effet, ils s'y trouvaient plus près de leur patrie, et c'était dans ces mêmes régions que leurs pères avaient séjourné autrefois. Là se trouvaient Péluse et d'autres places fortes, qui avaient été confiées plus d'une fois à leur vigilance; le canal important qui conduisait de la bouche pélusiaque du Nil au golfe Arabique à travers les lacs amers, et qui, achevé par Philadelphe[3], ouvrait au commerce de l'Égypte des débouchés précieux, des marchés considérables, entre autres celui d'Arsinoë[4]; Cléopâtria, qui n'était pour ainsi dire que la continuation de ce canal, et Clysma, d'où l'on s'embarquait

---

1. Jos., *Antiq.*, XII, 2.
2. Cette contrée reçut même le nom d'Arabie. (Strab., XVII, 1.)
3. Strab., XVII, 1.
4. Cette ville, ainsi appelée par Philadelphe, son fondateur, en l'honneur de sa sœur Arsinoë, était située à 25 milles romains de Péluse. Il convient de ne pas la confondre avec une autre ville de ce nom, l'ancienne Crocodilopolis, dans la moyenne Égypte.

pour se rendre dans l'Inde. C'est encore dans ces contrées qu'on pouvait voir, sous le règne de Philométor, non loin de Léontopolis[1], un ancien temple égyptien qui avait été concédé aux Juifs pour qu'ils pussent y célébrer leur culte.

Cependant un obstacle majeur paraissait devoir compromettre l'essor du commerce dans ces régions moins populeuses, c'étaient les incursions fréquentes des bandes pillardes qui stationnaient de préférence dans les marais formés par les inondations périodiques du Nil[2]. Cet obstacle fut écarté grâce à la sollicitude de Philadelphe, et peut-être avec l'assistance des Juifs qui servaient dans les places fortes de l'Est.

§ 16.

Ce même roi ouvrit encore de nouveaux débouchés au commerce en établissant des voies de communication avec le sud de l'Égypte et l'Éthiopie. Profitant des loisirs de la paix, il employa son armée à construire ou à rétablir deux routes fort importantes, qui conduisaient de Coptos, ville de la Thébaïde, située à un quart de lieue du Nil et servant d'entrepôt aux marchandises de l'Arabie, de l'Inde et de l'Éthiopie, l'une à Bérénice, qui venait d'être fondée dans la haute Égypte sur le golfe Arabique, et avait reçu son nom de la mère de Philadelphe, l'autre à Myos Hormos (*Veneris portus*), également située dans la haute Égypte sur le golfe Arabique, à sept jours de marche de Coptos.

Il se rapprocha en même temps de l'Éthiopie en fondant sur la frontière orientale de ce pays la ville de Ptolémaïs (Θηρῶν, Epitheras), destinée principalement à faciliter l'écoulement des produits provenant de la chasse des éléphants, en conduisant son armée jusqu'aux frontières du

---

1. Jos., *Antiq.*, XIII, 3.
2. Jos., *Antiq*, XVIII, 9.

Sud, où son père, du reste, était déjà venu, en entretenant enfin des relations d'amitié avec un roi éthiopien, nommé Ergamène, qu'on nous représente comme aimant les lettres et les arts de la Grèce[1].

Nous pouvons supposer avec quelque raison que les Juifs, aussi bien que les Grecs, profitèrent de ces nouveaux débouchés créés par la sollicitude prévoyante du monarque pour étendre jusqu'en Éthiopie et au delà du golfe Arabique le cercle de leurs relations commerciales.

Nous trouvons dans Diodore de Sicile un passage d'Agatharchide de Cnide[2], où il est dit que des soldats parlant une langue *étrangère* étaient préposés à la garde des ouvriers employés à l'extraction de l'or dans le pays des Blemmyes, au Sud et au Sud-Ouest de l'Égypte[3]. Rien ne nous empêche d'admettre que ces soldats aient été des Juifs qu'on avait fait venir sans doute, pour les charger d'un pareil service, des places fortes voisines, confiées de tout temps à leur fidélité.

§ 17.

Pour ce qui concerne l'établissement des Juifs dans les provinces de l'Asie occidentale, soumises à la domination des Ptolémées, les renseignements que nous possédons sont beaucoup moins vagues; mais, avant d'y recourir, et en même temps pour leur donner plus de poids, il importe de dire quelques mots de la guerre qui éclata entre Ptolémée Philadelphe et Antiochus Ier, roi de Syrie, lorsque ce dernier eut embrassé la cause de Magas, son gendre, à qui

---

1. Diod. Sic., III, 6.

2. Diod. Sic., *Bibl.*, III, 12.

3. Ou plutôt des émeraudes. Voir sur les Blemmyes et les mines en question, Ritter, t. II, p. 378-395, et particulièrement les pages 384, 391. Pour les fables répandues sur le compte de ce peuple, voir saint Augustin, *De Civitate Dei*, XVI, 8.

le roi d'Égypte avait donné le gouvernement de la Cyrénaïque, mais qui s'était révolté contre son souverain légitime et, menaçant l'Égypte d'une invasion, venait de s'emparer de Parétonium[1] et de la Libye maritime. Cette guerre, qui ne se termina qu'en 261, fut loin de tourner à l'avantage des Syriens, qui avaient été les agresseurs; car Philadelphe, en faisant des descentes fréquentes sur les côtes de l'Asie mineure, et en soulevant les peuples barbares, voisins de la Syrie, réussit à s'emparer de la Cilicie, de la Pamphilie, de la Lycie, de la Carie et d'une partie de l'Ionie, auxquelles vinrent s'ajouter les Cyclades enlevées à Antigone de Goni et plusieurs villes maritimes de la Thrace, entre autres Ænos et Maronée[2]. Cependant, lorsque les deux rois, également las de cette lutte désastreuse, convinrent de faire la paix, Antiochus II Théos, qui avait succédé à son père durant le cours des hostilités, épousa Bérénice, fille de Philadelphe, qui lui apporta en dot la Cilicie et la Pamphilie, après avoir préalablement répudié sa femme Laodice et promis que les enfants qui naîtraient de ce mariage hériteraient du trône de Syrie, à l'exclusion des enfants du premier lit.

Les expéditions entreprises par Ptolémée II dans le cours de cette guerre, les colonies établies par lui dans les provinces qu'il visita, entre autres celle d'Arsinoë en Lycie, l'ancienne Patara, dont il se proposait de faire le boulevard de cette province qu'il venait de conquérir[3], les relations de commerce qu'il entama avec les populations maritimes

---

1. Pausan., I, 7.

2. Polyb., V, 34, 5.

3. Strab., XIV, 3. C'est à Patara que les flottes de Syrie et de Rhodes stationnaient de préférence. (Tite-Live, XXXVI, 15 et suiv., 45.) Philadelphe fonda, en outre, Ptolémaïs en Pamphilie, Arsinoë, Bérénice, Philadelphie en Cilicie.

de cette partie de l'Asie, déjà plus avancée en civilisation, et où il pouvait se procurer aisément, comme dans le Liban et l'île de Chypre, les matériaux dont il avait besoin pour équiper ses flottes et qui lui manquaient en Égypte; toutes ces circonstances réunies déterminèrent sans doute aussi les Juifs à se rendre dans ces contrées et même à s'y établir. C'est ainsi que nous pouvons fort bien nous expliquer leur présence dans les différentes îles de la Méditerranée orientale et de la mer Égée, non-seulement dans celles qui reconnaissaient l'autorité des Ptolémées, Chypre, réunie à l'Égypte depuis le règne du premier Lagide, Cos, cette autre Délos, la patrie de l'Apollon d'Alexandrie, Samos, une des stations principales de la flotte égyptienne[1], mais encore dans celles qui avaient conservé leur indépendance et qui se trouvaient unies avec l'Égypte par des relations d'amitié et de commerce, telles que Rhodes, Chio, l'île de Crète et d'autres encore.

Une autre occasion favorable, dont les Juifs profitèrent également, fut la guerre qu'entreprit Ptolémée III Évergète pour venger le meurtre de sa sœur Bérénice, et dans laquelle ce prince s'empara de plusieurs villes maritimes de la Pamphilie, de la Cilicie et de l'Ionie méridionale, entre autres d'Éphèse, qui devint par la suite un des plus solides boulevards de la domination égyptienne en Asie[2].

§ 18.

Mais ce ne furent pas seulement les Ptolémées qui attirèrent les Juifs dans l'Asie mineure; plusieurs autres princes imitèrent leur exemple. C'est ainsi que Séleucus Ier en établit un assez grand nombre dans la plupart des villes qu'il

---

1. Cette île était associée depuis longtemps au commerce de l'Égypte (Polyb., V, 35. Hérod., II, 178; IV, 152.)
2. Polyb., V, 35.

avait fondées[1]; qu'Antiochus III fit venir de la Mésopotamie et de la Babylonie 2,000 familles juives qu'il établit en Phrygie et en Lydie, afin de mettre un terme aux soulèvements fréquents dont ces provinces ne cessaient d'être le théâtre[2].

Tout porte à croire qu'ils s'établirent également dans le royaume de Pergame, qui touchait aux provinces que les Lagides et les Séleucides possédaient dans l'Asie mineure, car les Attales favorisaient de tout leur pouvoir le commerce qui prospérait surtout à Pergame et à Élée; de plus, le nom d'Attale figure dans le fameux décret rendu par les Romains en faveur des Juifs et promulgué par le consul Licinius[3]. Nous savons, d'ailleurs, par Josèphe et les Actes des Apôtres, qu'il y avait des Juifs établis à Pergame, dans la Troade et à Assi, patrie du stoïcien Cléanthe[4].

Enfin, nous ajouterons que les marchands de cette nation peuvent fort bien être venus dans l'Asie mineure de différents points de la Phénicie, où il ne serait pas difficile de démontrer qu'ils s'étaient établis postérieurement à Alexandre le Grand, suivant en cela l'exemple des Tyriens, avec lesquels ils n'avaient cessé d'entretenir des relations de commerce après la captivité de Babylone[5], comme du temps de Salomon.

Nous ne devons donc plus nous étonner que, dans le fa-

---

1. Principalement dans l'Asie mineure et dans la Syrie supérieure. Appien fait l'énumération de la plupart de ces villes (*De reb. syriac.*, c. 57).

2. Jos., *Antiq.*, XII, 3, *Sur les Macch.*, 4.

3. Macch., xv, 22.

4. Jos., *Antiq.*, XIV, 10; *Guerre de Jud.*, I, 21. Act. des Ap., xx, 6. 13. Apocal., ii, 12.

5. Néhém., xiii, 16.

meux décret du premier livre des Macchabées[1], il soit fait mention d'un si grand-nombre de peuples, ni que saint Paul, dans ses voyages en deçà et au delà de la mer Égée, ait rencontré presque partout un si grand nombre de ses coreligionnaires[2], ni enfin que Josèphe et Philon aient pu dire que les diverses contrées de l'Asie mineure étaient peuplées d'une quantité innombrable de Juifs[3].

De tels bienfaits valurent à Philadelphe des louanges parfois exagérées de la part des Juifs reconnaissants; c'est ainsi, par exemple, que Philon l'appelle le prince le plus distingué non-seulement de son siècle, mais encore de tous les temps[4]. Nous accordons volontiers que les Juifs de Palestine aient pu adresser des prières à leur Dieu en faveur

---

1. Macch., xv, 22. Dans ce décret rendu sous le règne de Ptolémée Évergète II (Ptolémée VII) figurent, pour la plupart, des contrées et des villes qui, par leur situation même, se prêtaient aux transactions commerciales; presque toutes figurent aussi parmi les conquêtes de Ptolémée II et de Ptolémée III. Ainsi, pour n'en citer que quelques-unes: *Délos*, qui, après la ruine de Corinthe, fut la principale place de commerce de la Grèce (Strab., X, 5. Pausan., III, 23); *Rhodes*, qui, grâce à ses rapports d'amitié avec Rome (Polyb., XXX), faisait un commerce très-étendu, passait pour avoir les meilleurs navires, les plus habiles marins et surtout le Code maritime le plus parfait (Cicer., *Pro leg. Manil.*, 18. Tite-Live, XXXI, 15, 46; XXXIII, 16; XXXVI, 45; XXXVII, 9. 30. Aulu-Gelle, *Noct. att.*, VII, 3. Pastoret, *Sur les lois des Rhodiens*. Paris, 1784); *Side* (et non Sidon), ville de Pamphilie, colonie éolienne (Arrien, *Expéd. d'Alex.* Édit. Buchon, I, 6), pourvue d'un très-bon port (Pomp. Mel., I, 15), où se faisait le commerce d'esclaves (Strab., XIV, 13); *Arade*, non pas l'île de ce nom près des côtes de Phénicie, mais une de celles qui entouraient l'île de Crète (le nom de Gortyne qui suit semble l'indiquer. Plin., IV, 12); *Cnide*, ville de Carie, patrie d'Agatharchion, contemporain de Ptolémée IV, de Clésias et d'Eudoxe, célèbre surtout par la Vénus de Praxitèle (Cicer., *De Sign.*, 60. Plin., *H. N.*, VII, 39; XXXVI, 4. Voir Act. des Ap., xxvii, 7).

2 Voir surtout les Actes des Apôtres.

3. Jos., *Antiq.*, XIV, 10. Philon, *Ambass. à Caïus*, p. 1089, 1090.

4. Philon, *Vie de Moïse*, liv. II, p. 313 et suiv.

d'un prince qui servait si bien leurs intérêts, que même
ils aient fait entrer dans leurs hymnes sacrées des éloges
qui s'adressaient à sa personne, puisque les Juifs, comme
après eux les chrétiens, avaient coutume de prier pour leurs
souverains, lors même qu'ils étaient d'une religion diffé-
rente; mais il nous serait impossible d'admettre, ainsi qu'on
l'a prétendu, que le Psaume LXXII ait été écrit en son
honneur[1].

§ 19.

Ptolémée Évergète, qui déploya sur le trône les qualités de ses prédécesseurs, se montra également favorable
aux Juifs, dont il voulait aussi s'assurer la fidélité et l'attachement.

Onias, grand prêtre de Jérusalem, fils de Simon le
Juste, et décrié pour son avarice, refusait avec opiniâtreté de payer au roi d'Égypte le tribut accoutumé; l'ha-
bileté de ce même Joseph dont nous avons parlé ailleurs
prévint les troubles qui étaient sur le point d'éclater, et
Évergète se montra clément et accorda un pardon gé-
néreux[2].

Nous savons, en outre, que ce souverain, au retour de
son expédition contre Séleucus II Callinicus, dans laquelle,
nouveau Sésostris[3], il avait parcouru en vainqueur la Mésopotamie, la Babylonie, la Susiane, la Médie, et, si l'on
ajoute foi à l'inscription d'Adule, la Perse et tous les pays

---

1. Pauly, *Real Encyclopædie der clássischen Alterthumswissenschaft*,
t. VI, p. 195, note.

2. Jos., *Antiq.*, XII, 4. Dans ce passage, il convient de distinguer
deux Ptolémées : Évergète Ier, dont il est question au commencement
du chapitre, et Épiphane Ier, à qui Hyrcane, fils de Josèphe, adressa
ses félicitations à l'occasion de la naissance d'un fils, qui fut plus tard
Philométor.

3. Diod. Sic., I, 47, 55.

jusqu'à la Bactriane[1], jaloux de venger sur Laodice, mère de Séleucus, le meurtre de sa sœur Bérénice, offrit de sacrifier, dans le temple de Jérusalem, au Dieu des Juifs en même temps qu'aux divinités de l'Égypte. Nous ne croyons pas avec l'historien Josèphe que, dans cette circonstance, ces dernières aient été oubliées[2]; toutefois, ces honneurs rendus à Jéhovah n'ont rien qui nous étonne, et nous ne sommes nullement disposé à les mettre en doute; c'était de la part d'Évergète un acte de haute politique, par lequel il voulut sans doute se concilier les sympathies de la nation juive, non-seulement en Égypte[3], mais encore dans tous les pays d'Asie et d'Afrique soumis à sa domination, et même dans les États des princes ses ennemis ou ses rivaux. Nous savons, d'ailleurs, que les Juifs répandus hors de la Palestine étaient restés unis par des liens communs; que des divers pays où ils s'étaient fixés leurs regards se reportaient sans cesse vers la montagne de Sion et le sanctuaire commun, et que ceux d'Égypte, de Palestine et de Babylonie en particulier, quoiqu'ils ne fussent pas toujours d'accord quant aux cérémonies du culte, ressentaient vivement et le bien et le mal qui pouvaient arriver à leurs frères dans l'une ou l'autre de ces contrées[4].

---

1. Appien, *De reb. syr.*, 65. Daniel, II, 7 et suiv. Catull., *Carmen* LXVI, 12. Justin., XXXVII, 1, etc. Les succès de Ptolémée furent facilités par l'appui d'un assez grand nombre de villes de la Syrie et de l'Asie mineure, qui avaient à se plaindre des Séleucides, et qui avaient fait des préparatifs pour soutenir la cause de Bérénice, ainsi *Séleucie*. (Polyb., V, 58, 10. Justin., XXXVII, 1.)

2. Jos , *Cont. Ap.*, II, 2. Letronne, *Recherches*, etc., p. 6, 19 et suiv.

3. D'autant plus qu'il est probable qu'il fut rappelé en Égypte par une révolte suscitée par son frère Lysimaque (mis plus tard à mort par ordre de Sosibe, tuteur de Ptolémée IV). Polyb., XV, 25. Vaillant, *Hist. Ptolem.*, p. 46. Letronne, p. 285.

4. Jos., *Antiq.*, XV, 2, 3; XVII, 2; *Vie de Josèphe*, c. 11. II Macch., I, 1.

§ 20.

L'histoire nous apprend que les Phéniciens, peuple éminemment commerçant, accompagnèrent Alexandre le Grand dans sa campagne de l'Inde, et qu'ils le suivirent, à son retour, à travers les déserts de la Gédrosie, d'où ils rapportèrent la myrrhe, un des parfums les plus précieux de l'Orient[1]. Pourquoi n'admettrions-nous pas par analogie que les Juifs accompagnèrent avec des intentions semblables Ptolémée Évergète dans son expédition contre Séleucus II?

Les Juifs, avec leur esprit entreprenant, n'étaient pas hommes à se laisser détourner, par les scènes lugubres de la guerre, de quelque entreprise où il y avait des profits à espérer, quelque difficile et lointaine qu'elle pût être. D'ailleurs, le butin fut très-considérable; Évergète rentra en Égypte avec de riches dépouilles; parmi ses trophées on remarquait les statues des dieux d'Égypte que Cambyse avait autrefois emportées en Perse[2] et une somme d'au moins 40,000 talents d'argent. De plus, en suivant dans la haute Asie le roi d'Égypte, qui les appréciait au point de regarder leurs services comme nécessaires, ils espéraient sans doute y rencontrer bon nombre de leurs frères, avec lesquels il leur serait facile d'établir des relations sûres et durables.

Nous savons, du reste, que les Juifs de Babylonie, établis à Séleucie, d'où les produits de l'Orient étaient transportés sur les marchés principaux de l'Asie et de l'Afrique, rendirent au commerce et à l'industrie des services tout aussi précieux que ceux d'Égypte et principalement ceux d'Alexandrie[3].

---

1. Arrien, *Expéd. d'Alex.* Édit. Buchon, *Panth. littér.*, VI, 7.

2. Peut-être aussi Ochus. Diod. Sic., I, 46.

3. Pour les Juifs d'Alexandrie, Philon, *Cont. Flaccus*, p. 1002; pour ceux de Babylone, Jos., *Ant.*, XVIII, 19. Il y a de l'exagération dans ce que Basnage dit de leurs richesses, t. VII, p. 174.

Si nous parvenions à prouver que la fameuse ville de Palmyre, fondée par Salomon dans une oasis du désert de Syrie[1], et dont la renommée politique ne date que de l'époque de la domination d'Odénat et de son épouse Zénobie[2], quoiqu'elle fût déjà riche et importante à l'époque où la puissance des Ptolémées penchait vers son déclin, était déjà alors une ville commerçante, et que les Juifs furent, comme plus tard sous les Romains, les agents principaux de son négoce, ainsi que cela paraît ressortir d'une inscription retrouvée parmi ses ruines et qui avait sans doute été rédigée en l'honneur d'un Juif[3], nous obtiendrions ainsi un argument de plus à l'appui de l'opinion que nous venons d'émettre; car alors les Juifs de la Palestine et de Palmyre, placés entre la Mésopotamie et l'Égypte, nous apparaîtraient comme le trait d'union destiné à rapprocher les Juifs d'Orient de ceux de l'Occident.

Nous avons dit plus haut que Ptolémée Philadelphe s'était emparé de plusieurs villes de la Thrace, peu éloignées des frontières de la Macédoine, et qu'il avait ainsi ménagé aux Juifs des débouchés nouveaux pour pénétrer en Europe; en effet, rien ne leur était plus facile que de passer de là à Thessalonique, à Philippe, à Béroë et dans d'autres lieux de la Macédoine, où nous les voyons établis du temps de saint Paul[4].

§ 21.

C'est aussi sous le règne d'Évergète que les Juifs s'établirent en grand nombre dans l'Achaïe[5].

---

1. Jos., *Antiq.*, VIII, 6. Comp. Flavius Vopiscus, *Vie d'Aurélien*, 33.

2. D'après la tradition, Zénobie aurait professé la religion des Juifs. (Basnage, t. VIII, p. 100.)

3. Voir Heeren, *Du Comm. et de la Polit. des peup. de l'antiq.*, trad. franç., t. V, p. 308-332.

4. Act. des Ap., XVI, 11; XVII, 1-10.

5. Act. des Ap., XVIII, 1 et suiv., 27; XIX, 21. I Cor., XVI, 15.

Aratus, après avoir délivré Sicyone, sa patrie, de la tyrannie de Nicoclès, l'avait fait recevoir dans la ligue achéenne, faible encore à cette époque, mais qui devint respectable par suite de cette réunion. Ptolémée III, qui voyait avec déplaisir l'influence du roi de Macédoine s'étendre sur la Grèce[1], offrit de l'argent et des troupes à Aratus, et celui-ci, acceptant avec empressement cet appui qui s'offrait de lui-même, peut-être aussi afin d'obliger ce prince à prêter à la ligue une assistance réelle et efficace, décida les Achéens à le nommer leur généralissime sur terre et sur mer[2].

Ptolémée crut, en effet, devoir faire honneur au titre qui lui avait été conféré, et jusqu'au moment où les Achéens recherchèrent l'alliance du roi de Macédoine contre Cléomène, roi de Sparte, qu'il crut devoir soutenir[3], il fournit à ses nouveaux alliés des secours assez considérables pour qu'ils pussent tenir tête aux Macédoniens, aux Étoliens et aux tyrans du Péloponèse. D'un côté, c'était le roi d'Égypte qui envoyait aux Achéens des vivres, des armes et de l'argent; de l'autre, c'étaient ces derniers qui, pour conserver les bonnes grâces de leur protecteur, lui faisaient parvenir toutes sortes d'objets d'art, la plupart fabriqués à Sicyone[4]. Ces envois donnèrent lieu, sans doute, à toutes sortes de transactions commerciales[5], et il est à supposer que les Juifs, aussi bien que les Grecs, surent en faire leur profit;

---

1. Ptolémée Ier et Ptolémée II s'étaient déjà efforcés de limiter la puissance de la Macédoine. (Plutarq., *Vie de Démétrius*, 33, 34. Pausan., I, 7.)

2. Polyb., II, 43. Pausan., II, 8. Plutarq., *Vie d'Aratus*, 24.

3. Polyb., II, 47, 51. Plutarq., *Vie d'Aratus*, 11, 13, 41 ; *Vie de Cléomène*, 22, 32.

4. Plutarq., *Vie d'Aratus*, 12, 13.

5. Il existait déjà depuis longtemps des relations de commerce entre les Grecs et les Égyptiens. (Hérod., II, 178; III, 139; IV, 152.)

aussi les trouvons-nous en assez grand nombre à Sicyone et sur le territoire de Sparte[1].

D'ailleurs, pendant les querelles sanglantes qui éclatèrent après la mort du conquérant macédonien, nous voyons Sicyone et Corinthe occupées tour à tour par des garnisons des divers partis, qui, soit qu'elles appartinssent à Ptolémée, fils de Lagus, soit qu'elles fussent à la solde d'Antigone ou de son fils Démétrius, se composaient le plus souvent d'individus appartenant aux nationalités les plus diverses; il a dû, sans doute, se trouver dans le nombre des Syriens et, par conséquent, des Juifs[2]. Par là se trouve suffisamment expliquée la présence à Corinthe de ces 400 Syriens ou Juifs qu'Aratus fit vendre après la prise de la citadelle et du port de cette ville[3], et celle des quatre frères appartenant à la même nation, dont l'un servait dans l'Acrocorinthe, et dont les trois autres, après avoir dérobé des sommes d'argent considérables à Antigone de Goni, en apportèrent une partie à un changeur de Sicyone, nommé Ægias[4], qui, sans nul doute, était un étranger, peut-être même un Syrien ou un Juif, car cette profession était fort rarement exercée par des indigènes.

Ajoutons que Sicyone, à cause de sa situation fort avantageuse et de sa grande importance comme capitale de la ligue achéenne sous Aratus, par cela même qu'elle entretenait des relations suivies avec un grand nombre de pays, offrait d'immenses ressources pour le commerce à ses na-

---

1. I Macch., xv, 23. Ils s'établirent peut-être à Gythium, ville de Laconie, située au pied du Taygète (Polyb., V, 19, 15) et pourvue d'un port important (Tite-Live, XXXIV, 29); elle faisait partie de la ligue achéenne (Tite-Live, XXXIV, 36; XXXV, 12, 13, 18, 35).

2. Polyb., V, 36. Diod. Sic., XIX, 58.

3. Plutarq., *Vie d'Aratus*, c. 24.

4. Cet Ægias fut plusieurs fois employé par Aratus. (Plutarq., *Vie d'Aratus*, c. 18, 19.)

tionaux aussi bien qu'aux étrangers que sa prospérité attirait dans ses murs. La plupart de ces étrangers, et parmi eux sans doute un grand nombre de Juifs, quittèrent cette ville après que, désolée et ruinée du temps de Sylla, elle fut déchue de son rang élevé, pour aller s'établir soit à Corinthe qui, grâce à l'appui de Jules César[1], venait de se relever de ses ruines, soit dans d'autres villes de l'Achaïe, dans lesquelles nous les rencontrons au moment où cette partie du vaste empire romain retentit pour la première fois des accents inspirés de la prédication chrétienne.

§ 22.

Nous supposons avec quelque raison que Ptolémée Évergète facilita également l'accès de l'Éthiopie à cette nation, qui, nous l'avons vu, y avait déjà été attirée sous les règnes de ses prédécesseurs.

Il serait impossible de ne pas reconnaître que ce prince entretint des relations suivies avec les Éthiopiens, quoiqu'on ait contesté à bon droit sa prétendue domination sur ce peuple, et qu'on sache aujourd'hui à quoi s'en tenir à cet égard. Les relations de commerce qui existaient depuis longtemps entre les deux pays, loin de s'affaiblir et de se ralentir, durent, au contraire, prendre un plus grand développement sous un prince aussi actif et éclairé. Nous savons, en effet, qu'il envoya un certain Simmias reconnaître la côte des Ichthyophages[2]; ces explorations eurent pour résultat non-seulement de régler toutes les mesures d'ordre qui se rapportaient à la chasse des éléphants, car c'était là le but primitif de l'expédition, mais encore d'ouvrir au commerce des débouchés tout nouveaux dans ces

---

1. Plutarq., *Vie de J. César*, c. 57.
2. Diod. Sic., III, 18.

contrées lointaines. D'ailleurs, nous voyons par la seconde partie de l'inscription d'Adule que les liens qui rattachaient l'Éthiopie à l'Égypte furent considérablement resserrés, sous le règne d'Évergète, par des colonies, des ambassades et des traités d'alliance et de commerce[1].

Les Juifs d'Égypte, et principalement ceux d'Alexandrie, durent nécessairement profiter de ces facilités, avec d'autant plus d'empressement que la navigation du Nil tendait à se développer chaque jour davantage[2].

Nous n'hésitons même pas à admettre l'existence d'une cité juive en Éthiopie, enveloppée de ténèbres, il est vrai, à son berceau, et humble dans ses commencements, mais riche et importante à l'époque où l'Évangile fut annoncé au monde, et où elle servit alors les desseins de Dieu en frayant dans ces contrées lointaines les voies aux doctrines nouvelles, qui devaient régénérer les peuples et les individus[3].

---

1. Dans cette inscription, qui a été copiée et conservée par Cosmas, il est dit que Ptolémée III (il est certain que le monument fut élevé par ce roi) s'était avancé ἀπὸ δύσεως μέχρι τῶν τῆς Αἰθιοπίας καὶ Σάσου τόπω. Heeren (*Du Commerce et de la Politique*, etc., t. V, p. 52-53) propose de lire, au lieu de μέχρι τῶν, μέχρι ἐσχάτων, c'est-à-dire jusqu'aux extrémités de l'Éthiopie et de Sasou. Voir Montfaucon, *Coll. nova patrum et scriptor. græcor.* Paris, 1706, t. II, p. 141-143.

2. Diod. Sic., III, 34. Strab., XVII, 1.

3. Nous en trouvons quelques indices dans les Actes des Apôtres, VIII, 27. Comp. Diod. Sic., III, 32-40.

Strasbourg, impr. de Vᵉ Berger-Levrault.